La
Tierra
explicada a los niños

Redacción de las leyendas de © Anne Jankeliowitch *La tierra vista desde el cielo.*
Revisión científica de los textos de Bernard Fischesser y Marie-France Dupuis-Tate.
Coordinación editorial de la edición en lengua española de David Beneyto Vilalte.
Traducción de Javier Palacios Tauste.

Fotografía de la cubierta: caravana de dromedarios en las proximidades de Nouakchot, Mauritania.
Fotografía de las guardas: multitud en Abengourou, Costa de Marfil.
Fotografía de la contracubierta: *arriba*, géiser en el parque de Yellowstone, Estados Unidos.
Abajo, fotografía de Yann Arthus-Bertrand y Himba de Antoine Verdet.

© 2004 Ediciones Librería Universitaria de Barcelona, S. L.
Aribau, 17 - 08011 Barcelona.
Tel. 93 453 20 27 - Fax 93 323 55 57
info@edicioneslu.com
www.edicioneslu.com

ISBN 84-89978-85-9
EAN 9788489978850

© 2004 Editorial Oceano de México, S. A. de C. V.
Eugenio Sue, 59 - Colonia Chapultepec Polanco
Delegación Miguel Hidalgo, 11560, México, D. F.
Tel. (55) 5279 9000 - Fax (55) 5279 9006
info@oceano.com.mx

ISBN 970-651-910-6
EAN 979706519108

Impreso en Corea.

La Tierra
explicada a los niños

YANN ARTHUS-BERTRAND

Textos:

Hubert Comte

Ilustraciones:

David Giraudon

OCEANO

EDICIONES

LU

Llibreria Universitària
BARCELONA

Índice

- El corazón de Voh en Nueva Caledonia ... 10

- Elefantes en el delta del Okavango 12

- El vuelo del ibis rojo sobre el delta del Amacuro 14

- Cultivos de hortalizas cerca de Tumbuctú 16

- Caravanas de dromedarios 18

- Icebergs del polo Sur en Tierra Adelia 20

- Erupción de un volcán de la isla Reunión .. 22

- Fardos de algodón 24

- Redes de pesca en el puerto de Agadir ... 26

- Terrazas de arrozales en Bali 28

- Pueblo del Alto Atlas 30

- En canoa por el río Níger 32

- Patio de escuela en Los Ángeles 34

- El obelisco de Asuán 36

- Una ballena frente a la península de Valdés 38

- Cubas de tintoreros en Fez 40

- Viñas en las islas Canarias 42

• Pescador en un lago artificial 44

• Salinas en Oualidia 46

• Un campesino cretense 48

• Secando dátiles en un palmeral 50

• Mercado de pescado cerca de Dakar 52

• Un géiser en el parque de Yellowstone 54

• Un poblado hausa 56

• Canoas en el río Niger 58

• Estadio de béisbol en Nueva York 60

• Troncos flotando en el río Amazonas 62

• Desfiladero del Dades 64

• Casa de Keremma en Bretaña 66

• Alfombras de Marrakech 68

• El caballo blanco de Uffington 70

• Un árbol solitario en un parque nacional . 72

• Flamencos rosas 74

• Barcas por el Nilo 76

* Un punto rojo en el mapa del mundo indica el lugar en el que ha sido tomada la fotografía.

Me llamo Jim

Tengo ocho años y medio. Mi padrino es Yann Arthus-Bertrand. Le quiero no sólo porque es mi padrino, sino también porque a su lado siempre pasan cosas. No puedo verle todos los días, ya que suele viajar, pero cuando está fuera me envía postales y ahora ya tengo una buena colección. Tengo una de Numea, en Nueva Caledonia, en donde hizo la fotografía del corazón que salía en la cubierta de *La Tierra vista desde el cielo*.

Me gusta ese libro: aunque pesa mucho, es muy hermoso. Está lleno de fotografías, distintas a las que habitualmente se ven. Las de aquí están llenas de vida, de colores diferentes, pues están tomadas en los mismos países de donde son las postales que me envía.

Yann ha estado por lo menos en casi cien países. Me encanta mirar en el mapamundi los lugares que ha visitado. Me cuesta comprender todavía que la Tierra sea redonda y que, aun así, se quede siempre de pie, pero la verdad es que me gusta la Tierra.

El verano pasado puse un hueso de aguacate dentro de un vaso de agua y echó raíces. Después, lo planté en la tierra. Hoy se ha convertido en un arbolito, y todas las semanas compruebo si sigue creciendo. Con respecto a los árboles, Yann dice algo importante: que hay gente que tala bosques enteros y que, por culpa de esto, está cambiando el clima. Con su helicóptero, suele ir a países donde no siempre tienen algo para comer o beber, y en los que los niños ni siquiera pueden ir al colegio.

A mí me gustaría ir con él y ver mundo. Una vez subí en helicóptero, y fue genial. Se ve a la gente muy pequeña; incluso los que se creen grandes también son pequeños. Las casas, los campos, las ciudades o los arroyos parecían iguales que las piezas de mi puzzle.

Algún día iré con él y veré todos los continentes, aquellos en los que la gente es amarilla, negra, morena o blanca, y después, como Yann habrá empezado ya a hacerse mayor, quizá me deje pilotar el helicóptero o tomar las fotografías. ¡Qué guay! Cuando lo pilote yo, lo llevaré al sitio donde está el corazón. Desde arriba, nos parecerá todo pequeño, y luego bajaremos para verlo de cerca y entonces nos parecerá más grande.

Me pondré encima,
y entonces nos parecerá más grande,
tan grande que se convertirá en
nuestra Tierra.

Sobre el trabajo de Yann...

Cuando Yann decidió fotografiar la Tierra, no se limitó a poner su cámara fotográfica en la mochila, coger un avión para dirigirse a los diferentes países y alquilar un helicóptero a su llegada. Si las cosas fueran así, resultarían de lo más sencillo.

No, primero decidió que quería fotografiar el mundo desde arriba. No demasiado alto —por encima de las nubes—, sino desde una distancia que permitiera ver la Tierra y a la gente con una mirada diferente. El helicóptero, para esto, resulta fenomenal: uno puede subir, bajar, ir a la derecha o a la izquierda, y además de forma rápida. Pero tampoco esto es tarea fácil, pues es necesario adaptar el helicóptero y quitar una puerta para que Yann, sujeto con la mayor seguridad, pueda apoyarse y mirar hacia abajo con su cámara fotográfica —que no es precisamente ligera— pegada al ojo. A mí me daría un poco de vértigo, pero él no tiene. Dentro del helicóptero, está moviéndose y hablando todo el tiempo con el piloto (y cuando digo *hablando* debería decir *gritando* para que éste le pueda oír bien): «A la derecha, hacia allí, avanza, un poco más, no bajes aún, a la izquierda, a la izquierda, ahí, avanza, así está bien, sí, está bien, avanza un poco más»..., y al mismo tiempo puede escucharse el disparador de la cámara acentuando cada una de las palabras de esa letanía. Todo esto requiere una absoluta concentración. Debe buscar siempre el mejor ángulo, la mejor luz, el mejor tema. Más que nada, con su mirada tiene que abarcar todo el paisaje, percibir lo más interesante, ver eso que a nosotros nos encantará mirar más tarde.

Pero antes de llegar a este punto, hay un período de preparación. Es necesario elegir los países —cosa que no es tan sencilla, porque no todos los gobiernos dan la autorización para sobrevolar su territorio, habitualmente por cuestiones de seguridad—. Es preciso pedir permiso, rellenar papeles, telefonear, esperar. Cuando al final se obtiene el permiso, hay que estudiar los mapas del país, descubrir los lugares de mayor interés. Lo más terrible sucede cuando, una vez conseguido el permiso y efectuado el viaje, se está ya preparado para volar y el servicio meteorológico anuncia «tiempo nuboso y lluvia que se avecina». La meteorología es el asunto más complicado de todos, pues por más que uno se esfuerce en pedirle al cielo que cambie el tiempo, no hay nadie que atienda las llamadas o súplicas. Entonces, lo único que se puede hacer es esperar a que mejore, a que la visibilidad sea buena, cosa evidentemente indispensable.

Hay otro asunto tan importante como la meteorología para Yann, y es poder contar con un equipo experimentado a su alrededor. En sus oficinas, que se encuentran en París, hay gente en comunicación con él para solucionar cualquier problema. Y también tiene un asistente que le acompaña en sus viajes. Éste debe conocerle bien, comprender lo que necesita y estar preparado para todo, incluso para posar sobre un iceberg para proporcionar la escala humana y conseguir que quien observa la fotografía se dé cuenta de la inmensidad del paisaje (por supuesto, después Yann baja a recogerle, pues ¡hacerle volver a pie desde Groenlandia resultaría una faena!).

Esto es, en pocas palabras, lo que supone el trabajo de Yann, el fotógrafo del mundo. Ha visitado casi cien países, tomando decenas de miles de fotografías. Aunque siga haciéndolo hasta los noventa y nueve años no acabará nunca, porque el mundo es inmenso y además no deja de cambiar cada día. Al igual que el Principito (el protagonista de la obra de Saint-Exupery), no terminará jamás de maravillarse mirando cómo cambia el mundo. Y después, algún día, cuando vaya a reunirse con las estrellas, otros ocuparán su puesto. Podrán acudir exactamente a los mismos lugares que él visitó, puesto que en cada una de sus fotografías figura la localización geográfica exacta (punto «GPS»). De este modo, podrán realizar las mismas tomas fotográficas, y así se podrá comprobar la evolución de la Tierra.

Cuando digo «las mismas fotografías» no estoy del todo seguro, pues creo que en el corazón de Yann hay una lucecita especial que los demás no tienen y que aparece en cada una de sus imágenes.

Hervé de La Martinière

El Corazón de Voh, en Nueva Caledonia

Compárense estas dos fotografías del corazón de Voh: en la grande, tomada en 1991, sólo se ve arena, porque la sal presente en el suelo impide la vida vegetal; en la pequeña, tomada en 2002, los arbustos han vuelto a recubrir el corazón, y esto se debe a un descenso del nivel de salinidad del suelo. Pero las cosas pueden volver a cambiar...

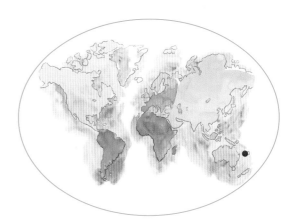

La Francia de ultramar

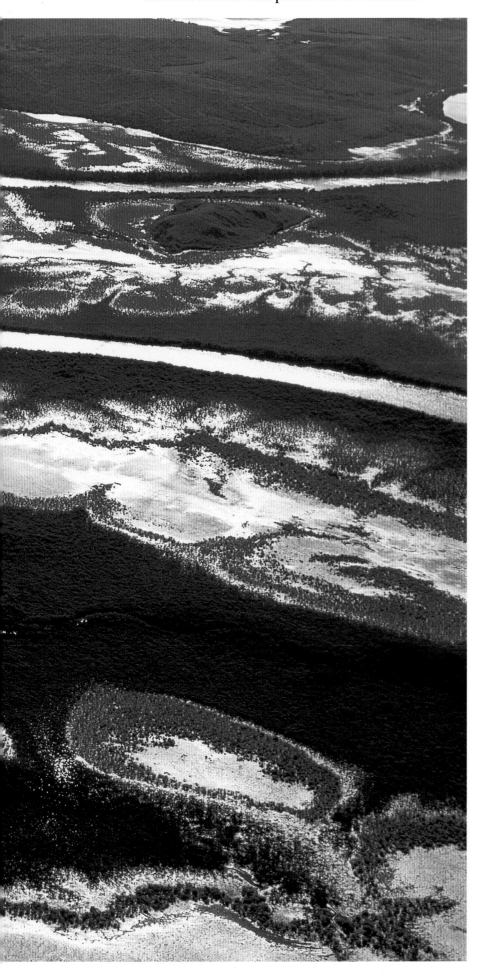

El manglar es un extraño tipo de bosque característico de los litorales marinos tropicales. Su densidad es tan grande que se invade, devora y asfixia a sí mismo. Los árboles que crecen en este suelo cenagoso tienen tantas hojas que impiden que la luz del sol llegue al suelo, y sus enormes raíces son tan gruesas que absorben una enorme cantidad de agua. Al pie de estos árboles, los peces, las serpientes de agua y los cocodrilos cazan y son cazados a su vez. El interior de los manglares está constituido por los mangles, unos árboles aún más altos gracias a sus raíces aéreas y verticales, siempre en busca de un poco de oxígeno. El lío de raíces y de troncos es tan grande que quienes circulan por allí en canoa se preguntan si el sendero acuático que siguen no será un callejón sin salida. No hay respuesta. O quizá sí: el manglar nos envía un mensaje en forma de corazón.

Elefantes en el delta del Okavango

Elefantes en el delta del Okavango

La alimentación de los elefantes consiste en unos docientos kilos diarios de vegetales. En los países de África en los que viven en estado salvaje, ocasionan graves daños en los campos cultivados.

África austral

El delta del Okavango es una extensa zona húmeda del sur de África que atrae a una variada fauna, en particular a varias decenas de miles de elefantes, y en donde se desarrolla una flora muy variada. A los elefantes, enormes herbívoros, les gusta mucho el agua. La utilizan para lavarse y refrescarse. Saben nadar, o, mejor dicho, pedalear bajo el agua, gracias a los inmensos flotadores en los que se convierten sus pulmones al llenarse de aire: esto les permite mantenerse en la superficie del agua. Sus pulmones vienen a ser, en cierto modo, una especie de boyas.

Desde la Antigüedad, los hombres han apreciado el marfil de sus colmillos. En esta hermosa materia compacta pueden esculpirse figurillas o cincelarse joyas. El precio de los colmillos, codiciados por hombres sin escrúpulos, ha sido el motivo por el que casi desaparece la especie. Los elefantes eran cazados miserablemente, y la finalidad era quitarles el marfil. Por suerte, las leyes internacionales velan ahora por estos animales: mediante la prohibición del comercio de marfil se intenta preservar la especie, aunque todavía quedan cazadores poco concienciados.

El vuelo del ibis rojo sobre el delta del Amacuro

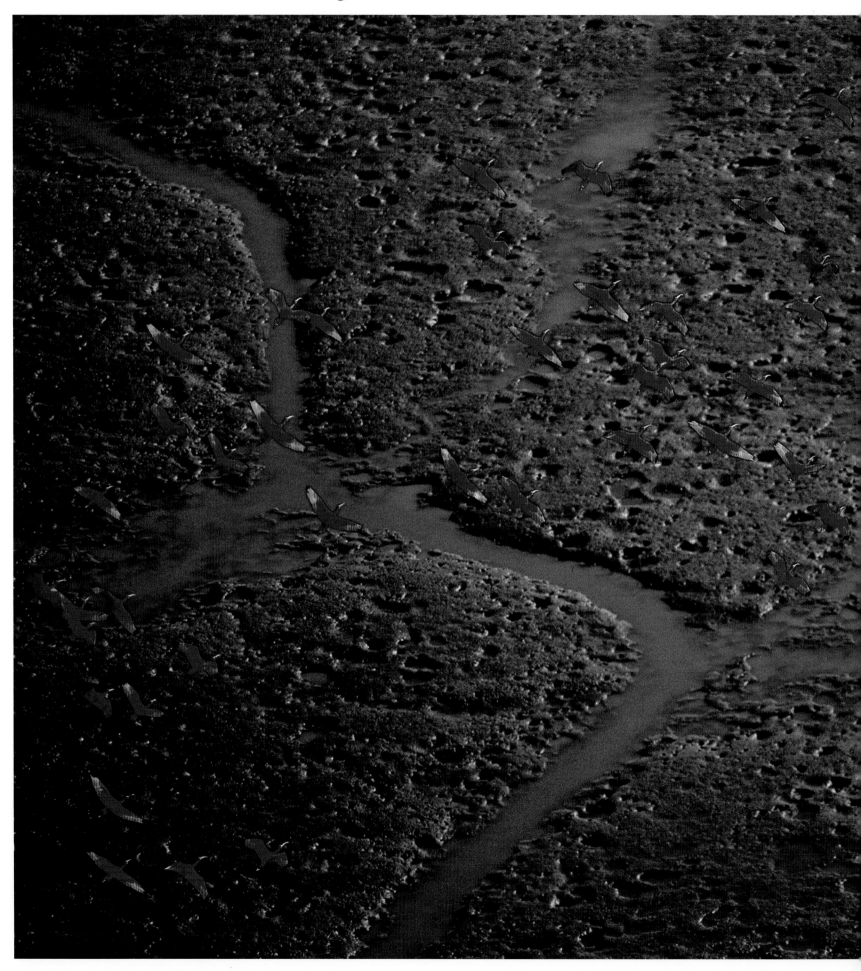

Aproximadamente 11.000 especies de plantas y de animales, como la de los ibis rojos, podrían desaparecer del planeta en un futuro cercano, principalmente por culpa de la acción del hombre.

América del Sur

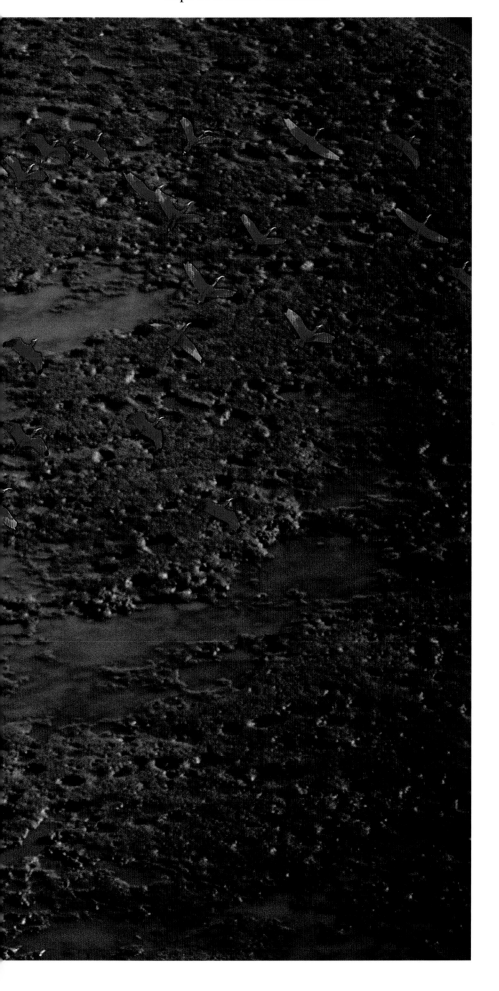

Una gran parte de Venezuela está integrada por tierras pantanosas habitadas por multitud de ibis rojos. En efecto, estas aves zancudas de picos curvados hacia abajo pueden encontrar allí alimento: camarones, cangrejos y otros crustáceos, que pescan al pie de los mangles. Estos crustáceos son ricos en caroteno, un pigmento que contribuye a proporcionar a estos pájaros su característico color rojo.

Desgraciadamente, estas aves se encuentran hoy en grave peligro de extinción. El espléndido y bello color de sus plumas las convierte en pieza codiciada, sobre todo por los fabricantes artesanales de flores artificiales. Pero son también cazadas para consumir su carne. En la actualidad deben quedar menos de 200.000 ejemplares.

Cultivos de hortalizas cerca de Tumbuctú

Este campesino es consciente de que el agua es un bien precioso. El consumo de agua es muy desigual en el mundo: en Mali, la cantidad es inferior a veinte litros por persona y día, mientras que en algunos países europeos sobrepasa los 200 litros.

África occidental

A comienzos de los años setenta y ochenta, a causa de la sequía, murieron los rebaños de muchos ganaderos del norte del país. Estos nómadas, que seguían a sus animales buscando hierba y agua donde abrevar, se vieron en la obligación de modificar sus hábitos de vida —es decir, de realizar otras actividades con tal de no perecer—. Se trataba de gente viajera, pero ahora tenían que permanecer en el mismo lugar durante todo el año, ocupándose de su ganado y cuidando sus plantaciones. Ellos, que recorrían a pie inmensos territorios, se vieron obligados a arrodillarse en los bancales de verduras de un metro cuadrado. Pero demostraron poseer una gran inteligencia, valentía y espíritu emprendedor. La recompensa no tardaría en llegar: incluso en la arena, y con una mínima cantidad de agua, crecían guisantes, habas, lentejas, judías, coles, lechugas o cacahuetes, que los salvaron del hambre. Este verdadero huerto en medio del desierto puede servir de modelo para África: el ejemplo de una buena gestión del agua.

Caravanas de dromedarios

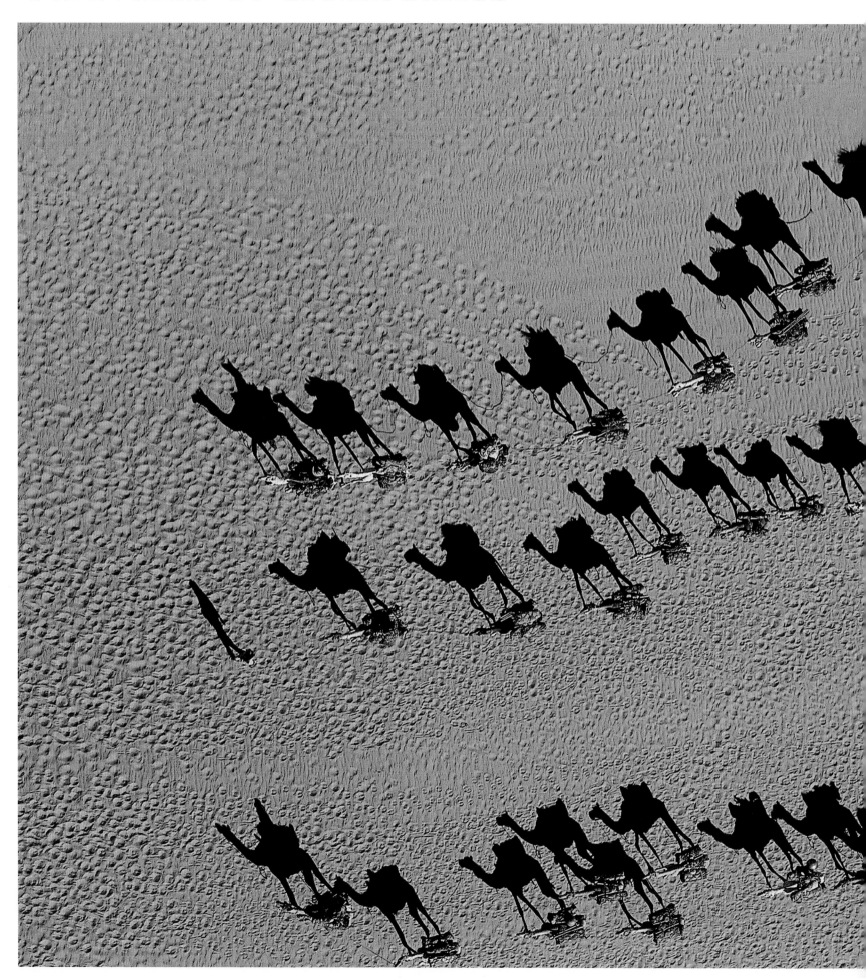

Desde hace décadas, los tuaregs practican el comercio de la sal, que transportan con dromedarios más de 600 kilómetros, entre las salinas de Bilma y la ciudad de Agadir.

África occidental

Conducidos por sus caravaneros a pie, estos dromedarios (los camellos tienen dos jorobas), atados, en fila y pesadamente cargados, avanzan con lentitud. ¡Qué majestuosidad! ¡Qué soledad! ¡Qué ánimo!

Si se mira bien esta imagen, uno se pregunta por qué estos hombres parecen tan grandes, y por qué se ve a los pies de cada animal una especie de haz de leña. Y enseguida se entiende. Desde el cielo, del caravanero sólo se ve el turbante, y de los dromedarios —que también se conocen como *barcos del desierto*—, su cargamento, del cual sobresalen su largo cuello y su cabeza. Estas bellas siluetas negras que se ven al primer golpe de vista no son sino las propias sombras de los animales viajeros. El sol ocupa en el cielo una posición muy baja, y por eso las sombras se ven tan grandes: pertenecen al reino de la ilusión, e invitan a creer en los espejismos y en la aparición de criaturas fantásticas, como los *djinns*, esos genios bondadosos o demoníacos de los que se suele hablar al anochecer, antes de recostarse en la arena.

Icebergs en el polo Sur, en Tierra Adelia

En el Antártico sólo viven algunos científicos. Allí llevan a cabo ciertas investigaciones, en especial relacionadas con los cambios climáticos del planeta, sobre los cuales pueden encontrarse rastros en las profundidades del hielo.

El Antártico

El continente antártico está completamente cubierto por una densa capa de hielo cuyo espesor sobrepasa los dos kilómetros: el casquete polar. A veces, algunos trozos se desprenden y navegan a la deriva: son los icebergs. *Iceberg* es un término noruego que significa «montaña de hielo». Y es que, realmente, estos icebergs son auténticas montañas flotantes, pues la parte que emerge no supone más que una quinta parte de su masa total. ¡Es difícil imaginarse las formas ocultas de estos gigantes de los mares! Los navegantes que se aventuran por latitudes cercanas los temen: en ocasiones, los barcos colisionan con estos bloques de agua helada a la deriva. En cualquier momento también se pueden desmoronar algunas partes y aplastar a los imprudentes que hayan osado acercarse demasiado.

Los icebergs son utilizados como balsas flotantes por focas y pingüinos. Esa mancha negra que destaca en el hielo, en el centro de la imagen, es un pingüino. Estas aves, incapaces de volar, están perfectamente adaptadas a las terribles condiciones climatológicas del Antártico. Repletas de grasa, se deslizan con agilidad sobre las heladas pendientes. En cuanto a sus habilidades como nadadoras, resultan prodigiosas: ¡pueden capturar un pez que se encuentre a trescientos metros de profundidad!.

Al contrario de lo que sucede en el Ártico, habitado por numerosos pueblos —entre ellos los inuits—, en el Antártico las condiciones climáticas son demasiado extremas como para albergar a comunidad humana alguna.

Erupción de un volcán en la isla Reunión

Ante la fuerza desplegada por algunas catástrofes naturales, como las erupciones volcánicas, los terremotos, las tempestades o las inundaciones, se aprecia la insignificancia del hombre.

Nuestro planeta es todavía un cuerpo celeste joven y cálido, y se halla en constante movimiento.

El suelo sobre el que se apoyan nuestros pies —tibio, cálido, frío o helado, según las zonas o las estaciones— nos protege del ardiente fuego que hay en las profundidades, cerca del centro del globo terráqueo.

Sin embargo, puede ocurrir que en algunos lugares la superficie de esta corteza se funda bajo la presión de los gases ardientes y de la materia en fusión. Por esta fisura en la tierra puede surgir lava y rocas en estado incandescente, que después de salir dejan un cráter (una especie de chimenea). El resultado es una montaña horadada en su cima.

En esta fotografía puede verse que este volcán ha entrado en erupción. Por suerte pudo ser previsto, ya que antes se percibieron las sacudidas producidas en el suelo por el ascenso de la lava. Los hombres del mundo moderno somos afortunados: los registros de los aparatos situados en las profundidades, cerca de los volcanes todavía en activo, permiten apreciar los habituales rugidos de advertencia. Los habitantes de la isla Reunión pudieron ser evacuados a tiempo. Desgraciadamente, no todas las erupciones volcánicas resultan previsibles.

Fardos de algodón

En Costa de Marfil el algodón es recogido a mano. En otros países, la agricultura está mucho más tecnificada, lo cual permite alcanzar una producción más elevada, aunque a menudo a costa del equilibrio natural.

África Occidental

Estos fardos de algodón amontonados en paquetes verdes, extremadamente ligeros, se han recogido en los campos cultivados. Al igual que la mayoría de plantas, el algodón produce semillas, y en su caso éstas se hallan recubiertas de hilos sedosos. Su ligereza facilita su dispersión, según los vientos y las corrientes de aire, y así, una vez enterradas en el suelo, logran propagar la especie. El destino del algodón que pueden verse en la imagen será, sin embargo, diferente. Una vez recogido y empaquetado (un fardo es cualquier mercancía atada con una cuerda o comprimida en un envase de plástico o de tela anudado en sus cuatro costados), este algodón en bruto irá a una fábrica de desgranar. Allí separarán las fibras textiles de las semillas y residuos. Las minúsculas fibras de algodón serán liadas unas con otras para formar un hilo, y estos hilos, entrecruzados mediante un proceso de trenzado, acabarán formando el tejido de nuestra ropa.

Redes de pesca en el puerto de Agadir

Las reservas naturales del mar no son inagotables. Existen muchas especies marinas en peligro de extinción por culpa de una mala gestión de los recursos marinos.

África del Norte

Cuando están extendidas, las redes de nailon parecen transparentes, de lo finas que son; sin embargo, así, amontonadas, se ven de un color azul intenso. Son azules porque, de este modo, no son percibidas como un obstáculo por los bancos de sardinas, y los peces caen en la trampa.

El lugar de trabajo de los pescadores cuando se encuentran en tierra es fácil de imaginar: la arena, a orillas del mar. Estos hombres pertenecientes al más importante puerto sardinero del mundo están reparando (el término exacto sería *remendando*) las mallas de su herramienta de trabajo: las redes. Cada mañana, al volver de pescar, comienza otra tarea: arreglar las mallas deterioradas de esta larga bolsa que, una vez extendida, ocupa centenares de metros. El instrumento utilizado por los pescadores para sus reparaciones —que no pueden desatenderse nunca— se llama *aguja*. Es una especie de regleta plana acabada en punta en uno de sus extremos, que lleva en el centro una abertura con una pequeña bobina de hilo.

Terrazas de arrozales en Bali

El arroz constituye la base de la alimentación de más de la mitad de la población del planeta, y los países asiáticos, como por ejemplo Indonesia, proporcionan el 92% de la producción anual mundial.

Sudeste asiático

Lo primero que destaca en este paisaje es el verdor. El de las plantas, el de todo aquello que brota. Después, cuando uno mira esta hermosa imagen, adivina que este paisaje (parecido a nuestros campos) ha sido creado por los hombres, por nuestros amigos de Asia. ¿Cuál es la razón? En Europa comemos pan; éste se elabora con el trigo que se muele en los molinos con el fin de convertirlo en harina. Pero en Asia, tradicionalmente, el equivalente de nuestro trigo es el arroz. Esta planta, que diariamente alimenta a muchos miles de habitantes de nuestro planeta, necesita crecer en el agua. ¿Cómo conseguir que esté permanentemente inundada? Pues construyendo un sistema de irrigación: para ello, se desvía un manantial —*capturarlo* sería una palabra más exacta— con el fin de que el hilo de agua parta de la cima de la colina y luego vaya pasando de terraza en terraza mediante una red de canales. De este modo, el agua va llenando pequeños depósitos, situados en forma de escalones en una gigantesca escalera. De un campo de arroz al siguiente, el agua irá nutriendo las plantas para pasar luego al piso de abajo. De forma ininterrumpida. Así, las plantas en los arrozales pueden disponer de todo cuanto necesitan: un campesino que las atiende, buenas tierras, el sol de Bali y el incesante fluir del agua.

Pueblo del Alto Atlas

En todos los lugares del mundo, los hombres suelen abandonar los pueblos para instalarse en las ciudades, en busca de trabajo o de una vida mejor. Cerca de la mitad de la población mundial vive ya en ciudades, y la tendencia no deja de acentuarse

África del Norte

Una imagen fascinante, muy cercana al mundo natural: ¿no recuerda las construcciones de las abejas que fabrican miel, con sus celdas impecablemente regulares? ¡Y cómo no compararla también con el plano de la ciudad de Nueva York, a miles de kilómetros de este lugar, con sus horizontales avenidas y sus verticales edificios! Pero aquí no hay lugar para la fantasía: tan sólo líneas paralelas y perpendiculares.

En la imagen pueden observarse las largas y rectas líneas que forman las calles, pero, en especial, los techos planos que comunican las viviendas y en donde pueden ponerse a secar las cosechas... y donde se puede charlar tranquilamente, a media voz, al caer la tarde.

El entrelazado de las casas de este pueblo de montaña, la estrechez de sus entradas y los muros que las cierran tienen como objetivo proteger a los habitantes del polvo del desierto y del calor del sol. La sombra que ofrecen los muros resulta indispensable.

En canoa por el río Níger

En canoa por el río Níger

En África, lejos de la agitación urbana, el tiempo parece discurrir más lentamente. Esta canoa no es tan rápida como una barca a motor, pero a este malinés que ha salido a recoger hierbas, ¿acaso le preocupa esto?

África occidental

Algunas corrientes de agua son temidas a causa de sus imprevistos caprichos (subida repentina de nivel, inundaciones). Otras, entrecortadas por cascadas o por rápidos, no son propicias para la navegación. La del Níger es más bien tranquila, como si se tratara de un venerable antepasado que velara por el bienestar de los malineses, cuyo país atraviesa.

De esta forma, supone un medio de comunicación ideal para el transporte de hombres y mercancías a lo largo de sus orillas. Aquí, maniobrar en canoa resulta tan natural como poner un pie delante del otro: los niños aprenden enseguida a manejar el zagual o a impulsarse con el bichero (una especie de pértiga) por estas aguas poco profundas.

El Níger constituye una formidable reserva de agua. Sus regulares crecidas (la elevación del nivel del agua produce el desbordamiento del río) permiten la irrigación de cerca de 5.000 km^2 de tierra. Los campesinos siembran arroz, una planta que se cultiva en el agua, y también cosechan legumbres (un tipo de producción intensiva de verduras en espacios relativamente pequeños, pero que se cultivan con todo mimo).

Patio de escuela en Los Ángeles

En determinados países, son muchos los niños que no pueden ser escolarizados porque no existen colegios o porque deben trabajar. En la actualidad, ¡todavía uno de cada cinco adultos no tiene la suerte de saber leer y escribir

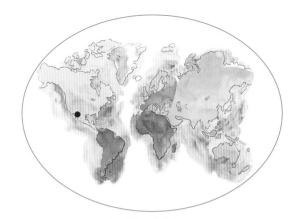

América del Norte

Un alumno disfruta jugando con su pelota sobre la imagen coloreada del mapa de su país, dibujado en el mismo suelo. En esta escuela, al igual que en todas las escuelas norteamericanas, el espacio dedicado a actividades deportivas suele tener el mayor tamaño posible. Y es que, en efecto, según el modelo británico, los norteamericanos consideran el deporte como parte integral del sistema educativo, tanto en la escuela como en la universidad. Las habilidades deportivas son un criterio importante que se tiene en consideración para la admisión en las universidades, y facilitan incluso la obtención de becas de estudio. La perseverancia y el esfuerzo, el espíritu de equipo, el afán de superación e incluso el arte de saber perder con deportividad constituyen una baza esencial en la madurez.

El obelisco de Asuán

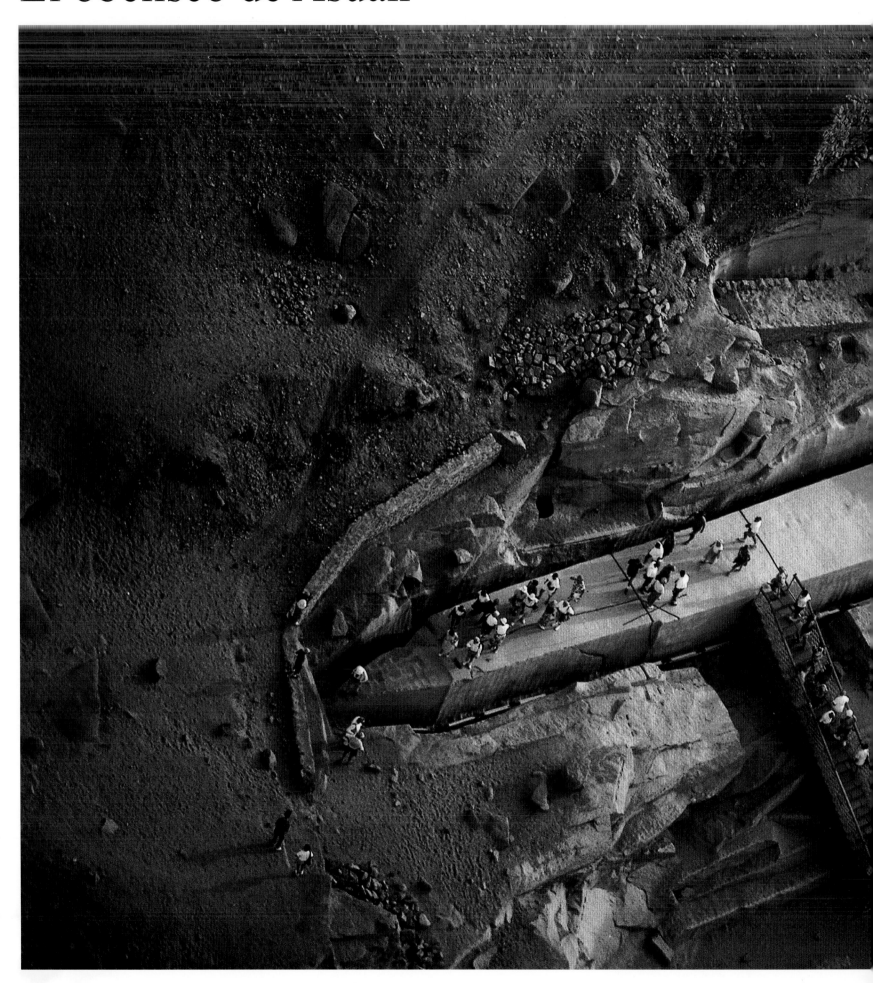

Egipto y sus restos arqueológicos, como las famosas pirámides, constituyen un importante destino turístico. Para numerosos países el turismo supone una poderosa fuente de recursos económicos.

Nordeste de África

En muchas capitales del mundo se levanta orgullosamente, en el centro de una de sus plazas, un obelisco procedente de Egipto. Éste es el caso de Londres, París o Roma. Estos obeliscos habrían sido ofrecidos a los jefes de Estado extranjeros por los reyes de Egipto sucesores de los faraones. Estas pesadas columnas de piedra rectangular eran llevadas sobre rodillos de madera a los barcos que las transportarían a aquellos países en los que, a partir de ese momento, servirían como ornamento.

¿De dónde proviene la palabra *obelisco*? La historia es de lo más curiosa: los antiguos viajeros griegos, sorprendidos por la presencia de unas columnas que se veían desde muy lejos, situadas en el centro de los templos egipcios, las compararon con el *obeliskos*, el palo de madera o varilla de metal que servía para asar la carne. El término originario griego es el que finalmente se impuso.

¿Para qué servían los obeliscos? Pues para atraer los rayos —y las bendiciones— del dios Sol. Pero, ¿de qué forma se tallaban? En una gran masa de piedra se trazaba el contorno del obelisco. A intervalos regulares, y a lo largo de esta forma así esbozada, se iban excavando los distintos trozos. Éstos se llenaban luego de ramitas de madera que después se mojaban. La madera absorbía el agua, se hinchaba y hacía que se quebrara la piedra siguiendo la línea que contorneaba el obelisco... Y ya está. Pero en esta ocasión el método no funcionó. El bloque de piedra del obelisco de Asuán se resquebrajó. Y sin más ni más, fue abandonado.

Una ballena frente a la península de Valdés

Los mares y océanos ocupan el 70 % del planeta. En ellos habitan numerosas especies animales, que proporcionan a los países su producción pesquera. Pero la contaminación —como las mareas negras, por ejemplo— está poniendo en peligro la vida marina.

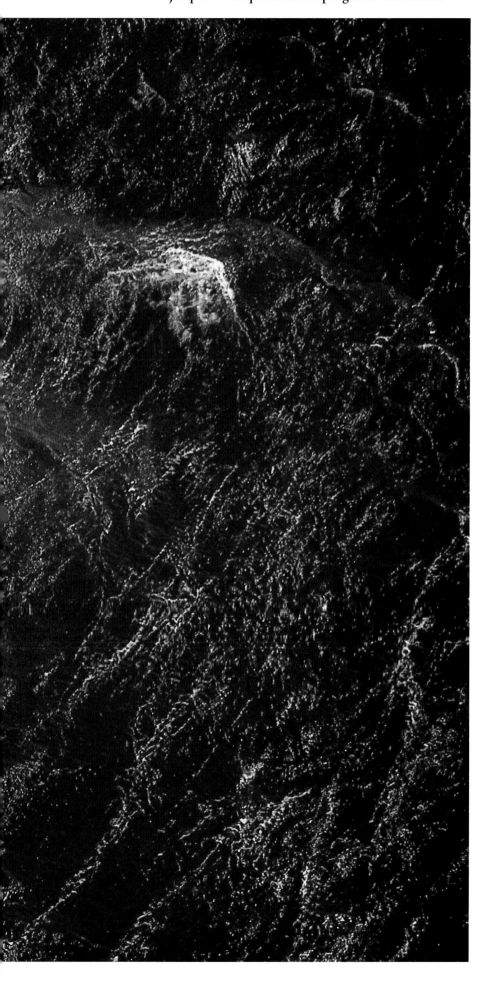

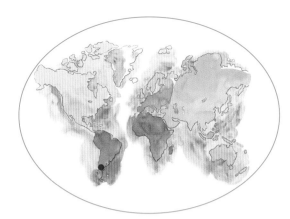

América del Sur

Cuando la gente se dirige en verano al norte —o, en invierno, a los mares del Sur— para observar a las ballenas, puede distinguirlas con facilidad. Una vez que las embarcaciones se aproximan a una manada de estos gigantes de los mares, lo primero que se advierten son los chorros de agua lanzados al aire. Luego, destacándose entre las olas, se ve la curva de un dorso reluciente y oscuro. Por último aparece la forma característica de la cola de la ballena, golpeando el agua y provocando un gran chasquido: el animal vuelve a sumergirse en las inmensas y profundas aguas marinas, nadando hacia sus lugares preferidos. Un momento después ha desaparecido, y sólo queda el inquietante vacío del mar.

¿Son capaces de devorar, como si fueran ogros, a los pescadores que caen al mar? No. Los científicos explican que la ballena —este pacífico cetáceo— se alimenta de plancton, es decir, de esos organismos microscópicos que viven en el agua salada que ella ingiere: por medio de sus *barbas*, las ballenas retienen su alimento separándolo del agua. Siempre a la captura de su nutriente, viajera constante e infatigable, la ballena recorre, de norte a sur, los mares de nuestro planeta

El enemigo más terrible de la ballena es el hombre, que la mata para vender el aceite que extrae de ella. Se trata de una especie en peligro de extinción.

Cubas de tintoreros en Fez

Cubas de tintoreros en Fez

Desde siempre, el hombre ha recurrido al mundo vegetal, animal y mineral para buscar las materias primas que necesita para sus productos artesanales, decorativos o funcionales. Su elaboración le sirve para agudizar el ingenio.

África del Norte

¿Qué son estos extraños recipientes donde parecen estar preparándose sopas y guisos multicolores? ¿Existen alimentos con esas tonalidades verde claro o de un rojo tan intenso? ¿O más bien se trata de la paleta en la cual un pintor gigante ha dispuesto sus colores?

Estas cubas de paredes de cerámica son utilizadas en realidad por los artesanos marroquíes de Fez para teñir madejas de lana, hilos de algodón y cuero curtido. En estas cubas las fibras y las pieles son sumergidas, removidas, golpeadas o pisoteadas incluso, hasta que quedan profundamente impregnadas de color. Los tejidos teñidos servirán más tarde para confeccionar alfombras, ropas que después serán bordadas u objetos de cuero con finos adornos: grandes cojines, minúsculos monederos, elegantes babuchas...

Los colorantes han sido extraídos (al igual que en tiempos prehistóricos, cuando los hombres pintaban sobre las paredes de las grutas) del mundo vegetal (el rojo sale de la amapola, el azul del índigo, el amarillo del azafrán, el beis del hueso de los dátiles) y del universo mineral (el negro, por ejemplo, sale del antimonio).

41

Viñas en las islas Canarias

Con tal de sobrevivir y alimentarse, el hombre ha aprendido a sacar provecho de cualquier parcela de tierra, incluso cuando ésta se ubica en lugares especialmente inhóspitos, como las laderas de este volcán.

Europa

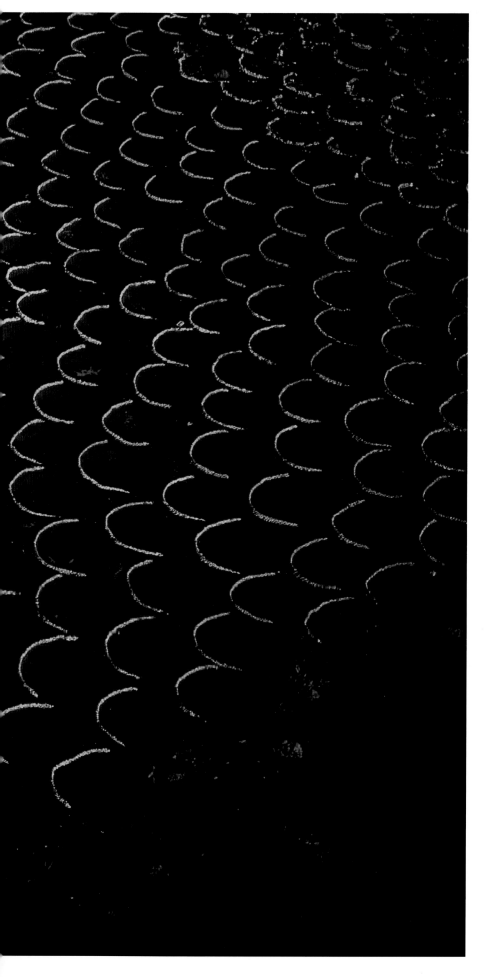

Desde la más lejana Antigüedad, viajeros y geógrafos han destacado que los campesinos volvían siempre a cultivar sus campos en las laderas de los volcanes, incluso después de una erupción terrible y mortífera, y a pesar del peligro que constantemente se cernía sobre sus cabezas. La razón es bien sencilla: las cenizas expulsadas por los volcanes y depositadas en el suelo lo hacen muy fértil. Contienen por su naturaleza sustancias químicas semejantes al mejor abono. Estos elementos logran que se multiplique el rendimiento de las cosechas.

Los viñadores de las islas Canarias han sabido sacar partido de esta maravillosa tierra. Han plantado sus cepas de vid en estas cubetas instaladas en la arena volcánica con el fin de retener la máxima humedad posible en el interior de estos hoyos. Además, con intención de resguardarlas de los vientos secos del Sahara, cada cepa dispone de una protección: un pequeño muro en forma de semicírculo. Por eso el vino resultante se ha hecho célebre: se trata de la malvasía.

Pescador en un lago artificial

El agua de esta presa sirve para producir electricidad.
Al igual que el viento o el sol. Estas energías
renovables no se agotarán jamás, y además no
contaminan.

África occidental

Extraño espectáculo. Curioso paisaje. El agua inunda
unos árboles cuya vida llega lamentablemente a su fin.
El observador mira y encuentra de repente, entre tanta
verticalidad negra y moribunda, una línea horizontal: se
trata de un pescador a bordo de su frágil embarcación.

¿Cuál es el motivo de este espectáculo de desolación,
de agonía, de despojamiento extremo? En realidad, este
mundo que recuerda a la muerte sirve para traer una
nueva vida. Con el fin de regular el caudal del río Ban-
dama y permitir la construcción de una presa hidrológi-
ca, se ha bloqueado su curso. El nivel de las aguas rete-
nidas ha aumentado hasta el punto de formar un lago
artificial: el lago Kosú. En el lugar ocupado por este
lago se encontraban antes unos doscientos pueblos que
han sido inundados, mientras que decenas de miles de
personas han debido desplazarse a otras zonas. Toda la
vegetación ha quedado anegada por las aguas. Sólo
la altura de los árboles ofrece todavía testimonio de la
vida terrestre que anteriormente reinaba en el lugar.

Esta masa de agua servirá para alimentar la presa hi-
droeléctrica construida río abajo. Su energía hará rotar
las inmensas turbinas que producen esa electricidad de
la que tanta nece-
sidad tenemos.
Pero, ¿a qué
precio? El equi-
librio natural del
país entero
ha sido al-
terado.

Salinas en Oualidia

Si estas salinas se parecen tanto a unos gigantescos lingotes de oro es quizá porque en la Antigüedad la sal, al igual que el oro, era utilizada como moneda de cambio.

África del Norte

Las salinas son reservas de agua marina de donde el hombre extrae la sal. Ésta es altamente beneficiosa para la salud, ¡y eso por no hablar de cómo acentúa el sabor de los alimentos! Es igualmente necesaria para la vida de los animales: los campesinos depositan terrones de sal en los prados donde pace el ganado con el fin de que éste vaya lamiéndolos.

Los océanos están compuestos sobre todo por agua y sal, pero ¿cómo separar la una de la otra? Como siempre, la observación y el azar han dado la solución a los hombres. A orillas del mar, donde el calor del sol se nota más, nuestros antepasados advirtieron que se formaban costras de sal. ¡Casi nada! Pero era preciso gestionar este proceso para que no dependiera exclusivamente del azar. En lugares cálidos, ventosos, sobre un suelo impermeable al agua, se instalaron receptáculos en los cuales el agua iba depositándose al ritmo de las mareas. Gracias al sol y al viento, el agua se iba evaporando poco a poco, quedando en su lugar la sal. Diferentes depósitos cuya profundidad decrecía hacían que el agua, cada vez más salada, continuara evaporándose. Así, el precioso cristal iba ganando en concentración. Y finalmente, una vez que toda el agua se había evaporado, se recogía.

Un campesino cretense

¡Muchos habitantes de Creta llegan a los cien años! En algunos países se vive hasta una avanzada edad. En otros, es raro alcanzar los cincuenta. Ello depende de las condiciones de vida, pero también de las guerras.

Europa

Un campo bien labrado, con los surcos perfectamente dispuestos en paralelo, es algo que enorgullece a los campesinos. El conocimiento de las líneas, de las rectas, de las curvas, de los ángulos, de los círculos y de las superficies se produjo en los primeros tiempos de la agricultura, cuando los agricultores tuvieron que repartirse las tierras.

Este campesino está trabajando sus campos: cava en surcos la tierra. De este modo, el suelo se airea. Después dispondrá en estos surcos las semillas de las cuales brotará la próxima cosecha.

El trabajo de la tierra es pesado. El hombre, calzado con botas altas, protege su cabeza del sol. Paciente y laborioso, el burro conoce bien su tarea. Su dueño le habla, sin cesar, para darle ánimos. Los dos forman un equipo. ¿La prueba? El agricultor lleva en la mano una rama para espantar las moscas que puedan molestar al animal.

En cuanto al árbol, ¿qué hace ahí, aislado en ese océano de tierra? En tiempos del abuelo, y en la época del padre del campesino, ya existía. Los pájaros descansan en sus ramas. Aunque ya no se crea que sirva de refugio a duendes o que proporcione albergue a las hadas, es respetado: es una metáfora de la vida, una fuerza que se manifiesta sin perjudicar a nadie.

Secando dátiles en un palmeral

Las palmeras datileras sólo crecen en terrenos áridos y cálidos. Sin embargo, se pueden comprar dátiles en todo el mundo gracias a los medios de transporte y al comercio.

Nordeste de África

¡Esta espléndida fotografía explica toda una historia! Las palmeras datileras, con sus hojas expuestas al sol y sus raíces que excavan trabajosamente el suelo con tal de encontrar agua, son las reinas de este reducido territorio. A medida que los dátiles van estando maduros (pueden verse los racimos entre las palmas), un muchacho ágil, con la ayuda de un simple cinturón de cuerda, trepa a lo alto de los troncos de las palmeras datileras para recogerlos. Y lo hace sin parar hasta el día de la última recolección. Con cuidado, los miembros de su familia o de su equipo alinean los hermosos y dulces frutos en el suelo y, periódicamente, les van dando la vuelta. Protegidos del viento y del agua por el muro que los rodea, los dátiles se secan al sol. Las variaciones tonales de esta magnífica alfombra (del amarillo dorado al marrón oscuro, pasando por un rojo intenso) nos indican cuáles están maduros y de qué variedad se trata.

Mercado de pescado cerca de Dakar

En ciertos países la pesca está muy desarrollada; en otros, tiene una mayor importancia la ganadería o la agricultura. Pero en todos los países hay hombres, mujeres y niños que no pueden comer todos los días lo que quisieran.

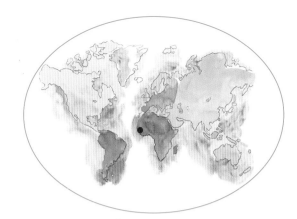

África occidental

Las sombras son alargadas: es la mañana. A bordo de sus largas canoas de madera de baobab o de ceiba, los pescadores han lanzado sus cañas o han echado sus redes por la noche. Han capturado numerosos atunes, sardinas y merluzas. Al regresar a tierra, mientras algunos de ellos reman vigorosamente, otros separan los peces por especies o por tamaños. Con el fin de plantar las proas en la arena —tarea que su casco plano facilita—, las canoas han sido impulsadas con energía. Los hombres las han varado enseguida, cerca del mercado, encima de unos rodillos de madera colocados en la arena. La carga de las canoas pasa a las seras, unos hondos capazos de cestería. Algunos de ellos han sido puestos encima de los montones de pescado, para protegerlos en la medida de lo posible del sol. La mercancía ha sido depositada sobre la fina arena. Pero ya llegan los primeros clientes. Comparan, sopesan, examinan, intercambian... con gran placer y un hermoso sentido de la amistad.

Un géiser en el parque de Yellowstone

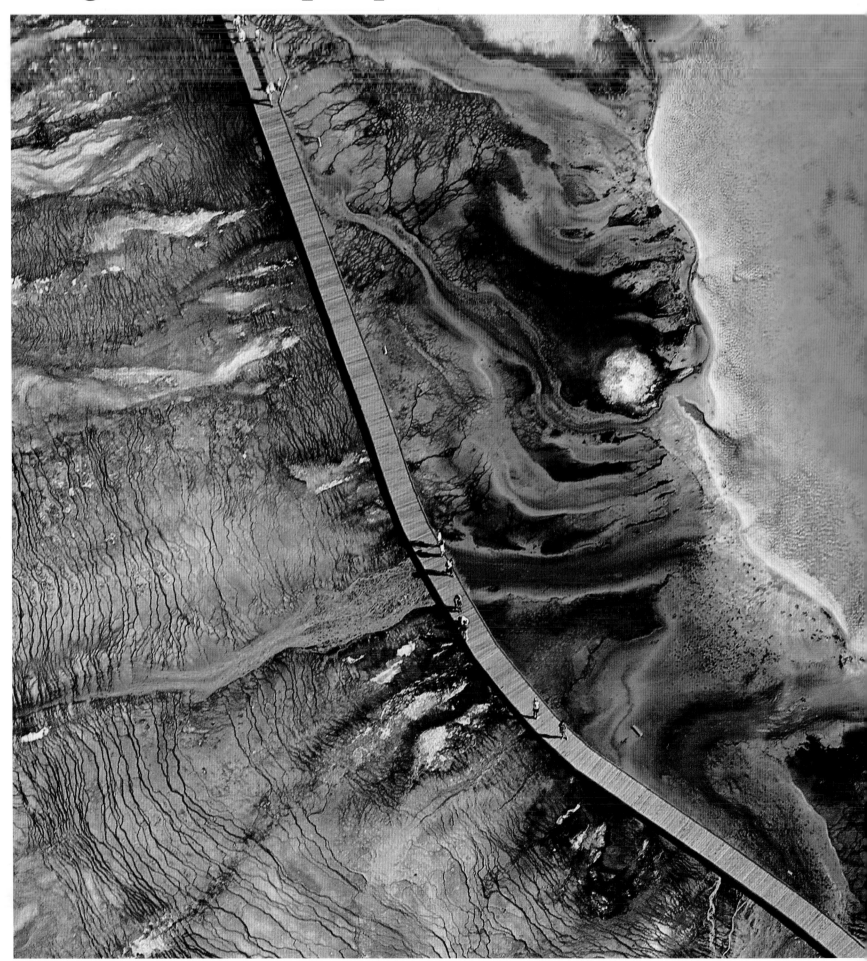

Los dos parques nacionales más antiguos del mundo se encuentran en Estados Unidos. En la actualidad, este país cuenta con un total de cincuenta y uno. De este modo se intenta preservar la naturaleza de los perjuicios causados por la actividad humana.

América del Norte

Creado en 1872, el Parque Nacional de Yellowstone es un modelo de esos espacios naturales protegidos en donde los hombres intentan preservar el medio ambiente. El parque se extiende a lo largo de 9.000 km². Pueden verse activas más de 3.000 fuentes de agua caliente (las que emiten intermitentemente son llamadas *géiseres*) y fumarolas (emanaciones de gas a alta temperatura). ¿A qué son debidos estos chorros calientes? Pues a que el parque está situado sobre una meseta volcánica.

Con un diámetro de 112 metros, el gran Prismatic Spring es el estanque termal más extenso del parque. El espectro de color que le ha dado nombre se debe a la presencia de algas microscópicas que se desarrollan de diferente forma según estén situadas en el centro o en la periferia del estanque, y según la especie a la que pertenezcan; estas algas constituyen ese raro tipo de vegetales cuyo hábitat natural es el agua cálida. La coloración del lago también se debe a las bacterias: ciertas colonias de bacterias aguantan temperaturas que sobrepasan los 80 °C. Cuanto más se acerca uno al centro del estanque, más elevada resulta la temperatura.

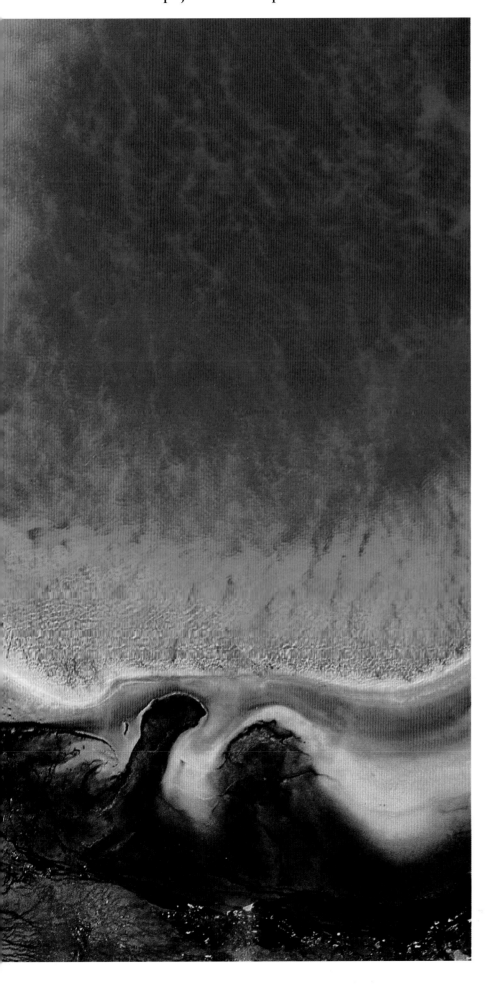

Un poblado hausa

En este poblado, el hombre construye sus viviendas con tierra. Sobre el suelo helado, los iglús se construyen en el Ártico con hielo. El hombre se adapta siempre a los materiales que encuentra en su entorno.

África occidental

Contrariamente a otros pueblos africanos nómadas que siguen a sus rebaños, los hausa son agricultores que viven de los productos de sus tierras. Residen permanentemente en su poblado, y son conocidas en África por la calidad de sus productos artesanales y su sentido comercial.

En los poblados, una valla delimita la propiedad de cada familia. Al abrigo de estos muros de ladrillos de barro seco reúnen el rebaño de cabras cuando cae la noche. Las construcciones en forma de cubo son las viviendas. Cada una dispone de una puerta y una ventana. Sobre el techo de estas casas se deposita la madera necesaria para alimentar el fuego del hogar. Los depósitos de grano —esas edificaciones en forma de huevo— están por encima del nivel del suelo con el fin de proteger la preciosa cosecha de roedores e insectos. Todos los edificios están construidos con una mezcla de tierra y fibras vegetales.

Las cabras vagabundean por el poblado en busca de alimento, que por desgracia no abunda demasiado. Pero se contentan con poco: al igual que el camello, la cabra es capaz de soportar climas rigurosos, sed y hambre; puede sobrevivir comiendo algunas plantas, como matorrales espinosos, y sabe trepar por el tronco de los árboles para abastecerse de hojas.

Canoas en el río Níger

Los beneficios que aportan los ríos a la población de los territorios que atraviesan son enormes... ¡salvo cuando se salen de su cauce! Las calles de Bamako, en Mali, acaban de ser inundadas por el río Níger, a causa de las fuertes lluvias.

África occidental

Más afortunados que otros, algunos países han recibido de la naturaleza un espléndido regalo en forma de gran río. Egipto cuenta con el Nilo, que deposita durante sus crecidas mucho limo (un lodo de tonos oscuros arrancado de las orillas y de las laderas de las montañas por la corriente) que fertiliza las tierras que inunda. Mali tiene el río Níger y dispone así de una importante vía de comunicación que une Bamako, la capital, con Gao, situada a 1.400 km de aquélla, al norte del país.

Dependiendo de la estación de las lluvias, el nivel más alto de las aguas del río se alcanza entre julio y diciembre. Los barcos de envergadura mediana pueden entonces navegar. Pero enseguida ceden su lugar a las canoas de casco plano que, al hundirse muy poco en el agua, pueden circular por el río durante todas las estaciones del año, incluso en las épocas de escaso caudal. Estas canoas sirven en especial para el transporte de *bourgon*, una planta que crece en el Níger y que se utiliza para alimentar el ganado.

Estadio de béisbol en Nueva York

El béisbol es uno de los muchos deportes que el hombre ha inventado desde la época ancestral de la lucha greco-romana. Esencial para el bienestar del cuerpo y de la mente, el deporte es practicado en el mundo entero incluso por quienes cuentan con minusvalías físicas.

América del Norte

Juguemos a algo. Pon tu dedo encima del hombre vestido de blanco y sobre su negra sombra... ¿Qué ves entonces? Un inmenso tapete con bandas de tono verde claro y verde oscuro, constituyendo un dibujo de diagonales paralelas. ¿De qué se trata? De hierba, es decir, del césped minuciosamente cuidado del estadio de béisbol de Nueva York, el Yankee Stadium. Este estadio, que puede acoger a 55.000 espectadores, continúa luciendo orgullosamente su césped natural mientras que cada vez son más los estadios norteamericanos que están optando por la hierba sintética, más fácil de mantener pero al mismo tiempo menos impresionante.

Nacido en Estados Unidos hacia el año 1850, el béisbol apasiona tanto a profesionales como a aficionados y espectadores. Para la mayoría de estadounidenses se trata de un auténtico deporte nacional. Desde 1986 es reconocido como disciplina olímpica.

Troncos flotando en el río Amazonas

Troncos flotando en el río Amazonas

En la Amazonia el hombre practica un proceso intensivo de deforestación de la selva que está contribuyendo al recalentamiento del planeta y que cada día provoca la desaparición de un verdadero tesoro natural, un gran número de especies animales y vegetales.

América del Sur

A pesar de su peso, los troncos de los árboles flotan sobre el río como si fueran cerillas en el agua de un vaso. En esta región, llevarlos de un sitio a otro flotando es el medio de transporte más barato.

¿Cómo han llegado estos troncos hasta ahí? Los leñadores los cortan en el bosque, y después los hacen rodar hasta el río; luego, la corriente llevará la carga hasta el estuario. Sin embargo, para que esta multitud avance con orden, los navegantes han amarrado los troncos en forma de espiga, mediante escarpias y cadenas. El remolcador negro y verde, en el centro de la imagen, hace la función de locomotora. Con el fin de evitar gastos de transporte suplementarios, las fábricas de pasta de papel, cuya materia prima son estos troncos, a menudo están instaladas cerca del lugar adonde llegan los *convoyes* de madera flotante.

Desfiladero del Dades

En los países áridos, el 80 % del agua que se extrae del suelo o que se saca de los ríos sirve para la irrigación de las tierras cultivadas. Sólo el 10 % de este agua está destinada al consumo doméstico.

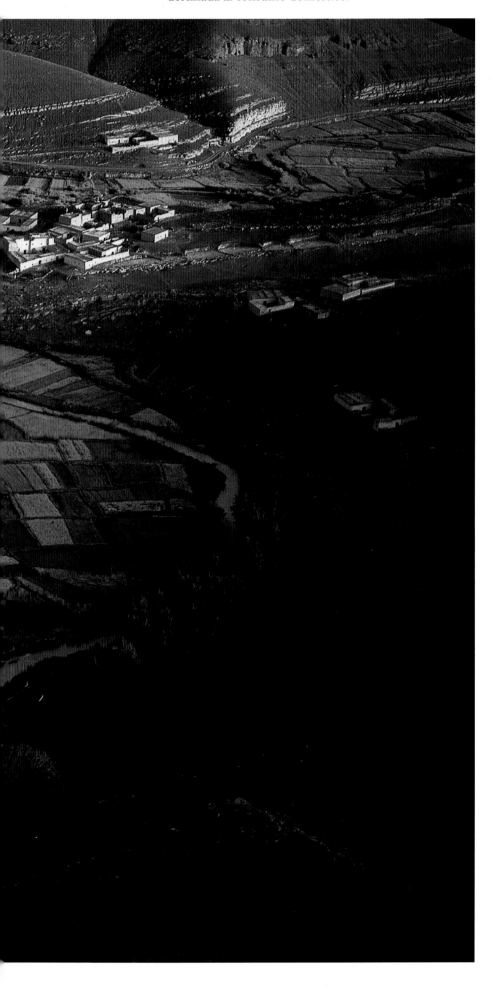

África del Norte

Este paisaje nos hace comprender al primer vistazo por qué, desde hace miles de años y en todo el mundo —desde la antigua Roma hasta la India actual— las mujeres y los hombres han venerado ríos y riachuelos como si se trataran de divinidades. El río Dades, infatigable serpiente acuática, parece deslizarse por este territorio. Es el alma del paisaje. El río aporta vida a las culturas y, por lo tanto, a los hombres y a sus animales. A cada lado de su curso el valle sigue una perfecta horizontalidad. Se trata de buenas tierras, fáciles de regar. No hay ni un solo metro cuadrado sin utilizar. El verdor aparece delimitado con precisión: donde el suelo es demasiado seco no brota vegetación. Más arriba, en la colina, los cercados encierran a los animales. Los senderos trazados por los rebaños demuestran su conocimiento de las leyes del mínimo esfuerzo. La erosión ha dejado su rastro en la aridez del paisaje. Hacia la mitad de la colina pueden observarse algunas casas de adobe (una sólida mezcla de arcilla y paja triturada).

Alfombras de Marrakech

Aunque Marruecos continúa fabricando alfombras de forma artesanal, desde hace algún tiempo la mayor parte de su producción depende de la fabricación industrial. En todo el mundo, las máquinas van poco a poco reemplazando al hombre.

África del Norte

En Marrakech la fabricación de alfombras es una tarea realizada sobre todo por mujeres. Éstas anudan los hilos sobre un sólido armazón, dibujando motivos geométricos a partir de una sutil armonía de colores. Estos motivos simbolizan el paraíso terrenal. Tradicionalmente, se considera que las alfombras de lana traen suerte a quienes las reciben como regalo. Las alfombras tienen una larga vida por delante: una vez utilizadas en las casas, sus preciosos retales serán usados como mantas de silla por los jinetes.

El prestigio de las alfombras marroquíes es tal que en la actualidad se han convertido en el centro de un floreciente mercado de exportación. De esa manera, estos mosaicos de lana sirven para embellecer las estancias del mundo entero. Con enorme paciencia, los vendedores aceptarán desenrollarlas una y otra vez, para enseñárselas a los compradores dubitativos.

El caballo blanco de Uffington

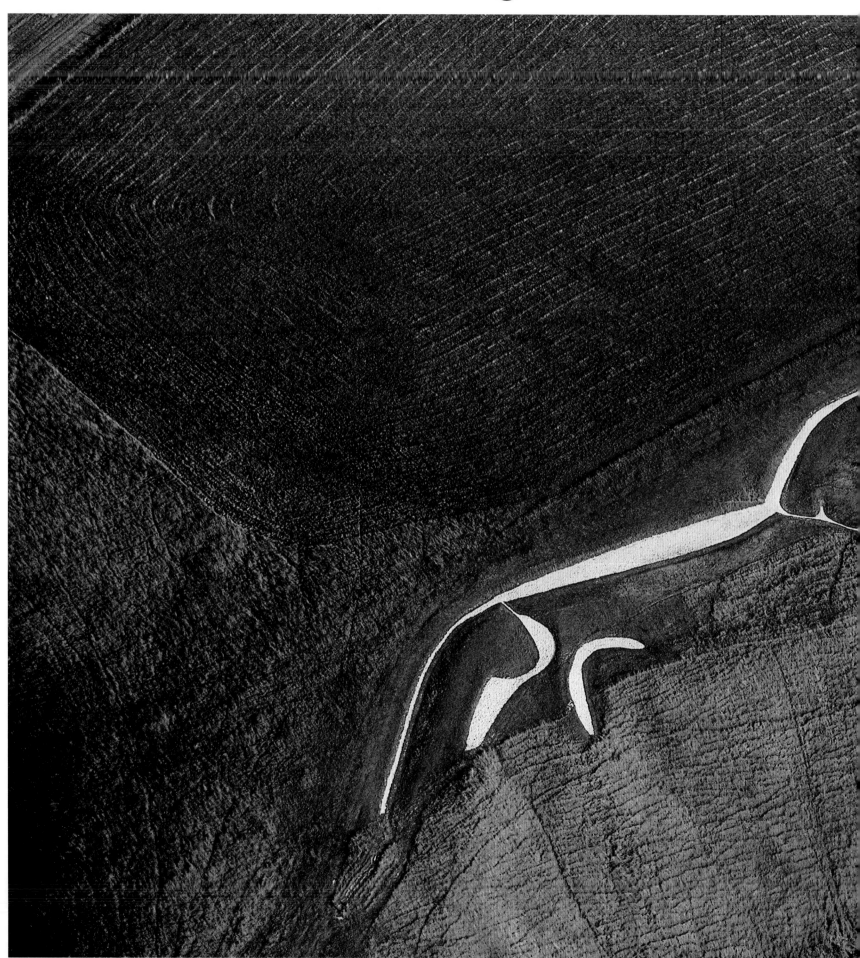

Tanto sobre una hoja de papel como en plena naturaleza, el dibujo es una forma universal de comunicación practicada ya incluso por los hombres de las cavernas en las rocosas paredes de sus cuevas.

Europa

Este caballo al galope, magníficamente simplificado, fue grabado por los celtas de la Edad del Hierro en la piedra calcárea de una colina, hace unos 2100 años. Mide 110 metros de largo, y sólo ha podido contemplarse al completo desde globos y aviones. Desde el suelo es imposible verlo.

Puesto que resulta invisible, ¿a quién estaba destinada esta imagen? Probablemente a la diosa Epona, representada por lo general en forma de caballo. Quienes le ofrecieron tan monumental homenaje debían esperar así que ésta, desde el cielo en donde residía, extendiera sus bendiciones.

Desde que se conoció la existencia de este dibujo, los especialistas no dejaron de preguntarse: ¿cómo puede realizarse un dibujo gigantesco que no puede verse de forma completa? Pues por el sistema de la cuadriculación, conocido desde hace milenios (los antiguos egipcios lo habían utilizado ya): se dibuja una forma —un animal, por ejemplo— sobre una piedra plana o una plancha; encima de este dibujo se traza una cuadrícula. A continuación, se reproduce esta cuadrícula igual pero a mayor tamaño sobre el suelo, con la ayuda de estacas atadas entre sí con cuerdas. A cada componente de un grupo de artesanos se le encarga reproducir la forma contenida en la cuadrícula pequeña dentro de la grande —en este caso una parte del animal—, respetando las proporciones del dibujo.

Un árbol solitario en un parque nacional

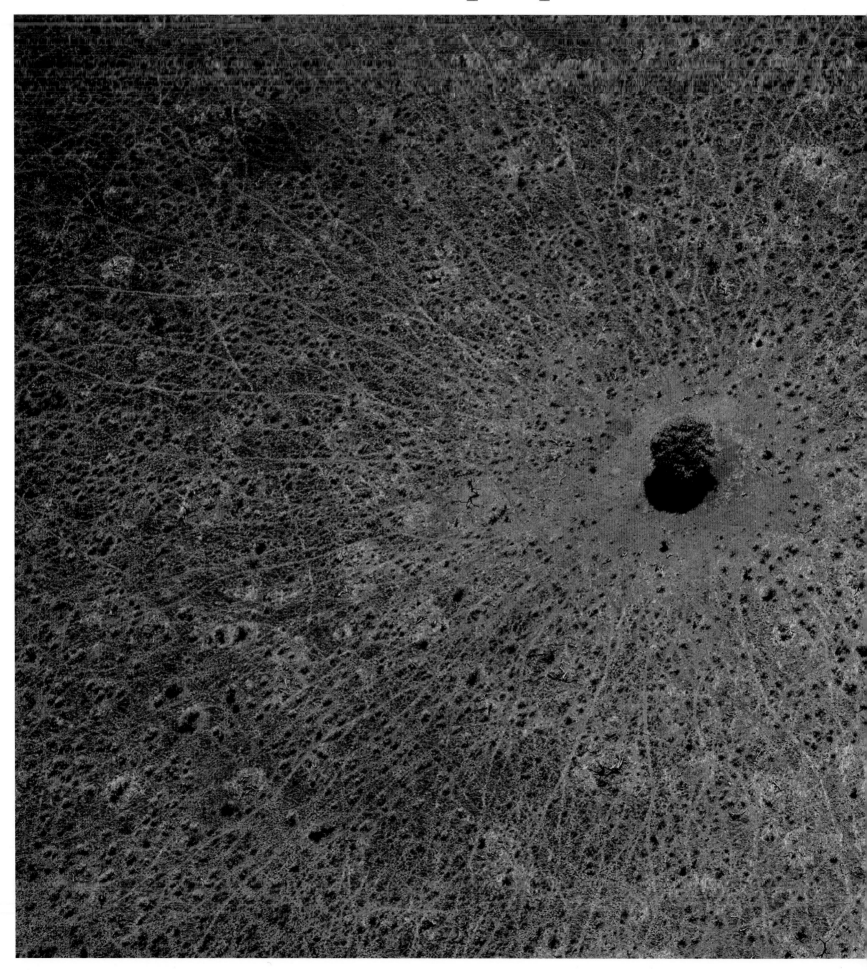

En las zonas áridas, en las que la vegetación está gravemente degradada a causa de la acción del hombre o de los grandes herbívoros, aumenta el proceso de desertificación.

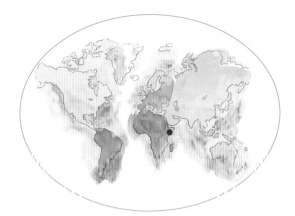

África oriental

Un parque nacional es un extenso territorio modificado lo menos posible por la actividad humana. Se trata de una zona gestionada de una forma especial con el fin de que permanezca a salvo de cualquier daño producido por el hombre. En estos parques está prohibido cazar animales, talar árboles, excavar el suelo o construir edificios. Suelen contar con la vigilancia de guardas para luchar contra los furtivos (cazadores que, a pesar de la ley, son capaces de matar elefantes —para robar el marfil de sus colmillos—, fieras y reptiles —para hacerse con sus pieles— o rinocerontes —para arrancarles el cuerno).

Sin embargo, estos parques abren sus puertas de par en par a los visitantes que quieren observar animales salvajes en libertad. En el interior del parque suelen organizarse circuitos, y hay distintos puestos de observación camuflados, para que la aparición inesperada de los grupos de observadores no asuste a los animales.

En el centro de este árido paisaje puede verse una espléndida acacia. Sus raíces se han hundido en el suelo buscando el agua allí donde se encuentre, aunque sea en la profundidad de la tierra. El verdor de sus hojas y la frescura de su sombra atraen a los animales salvajes; los senderos que conducen a el parecen dibujar rayos de sol.

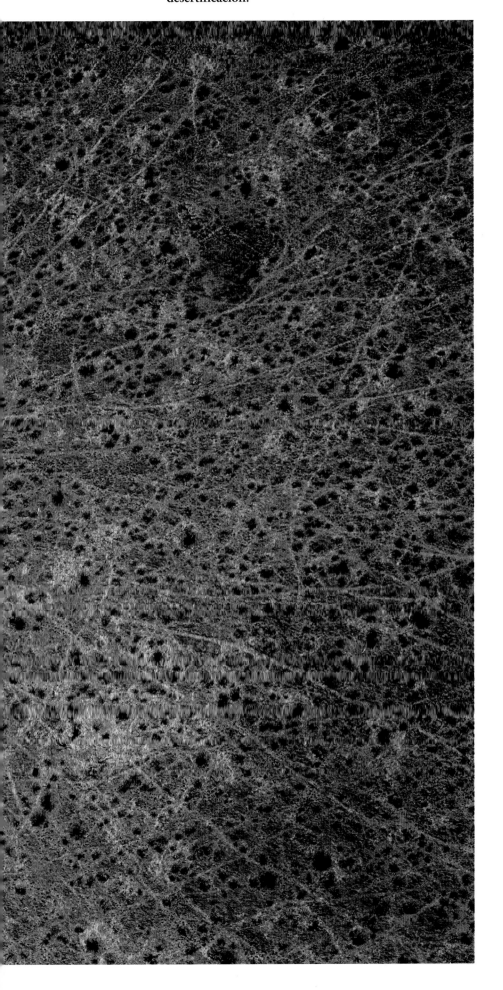

Flamencos rosas

La zona pantanosa que sobrevuelan estos flamencos rosas se encuentra situada entre el océano Atlántico y el desierto del Sahara. Nuestro planeta es un mosaico de espacios naturales caracterizados por una gran riqueza y diversidad de vida.

África occidental

Una vibrante bandada de flamencos rosas, brillantemente coloreados, es sobrevolada por un «pájaro de hierro»: nuestro helicóptero. Las hermosas aves zancudas corren como títeres desarticulados para coger el impulso necesario para volar. Sin embargo, una vez en el aire, se convierten en la viva imagen de la elegancia. Desde la curvada punta del pico hasta los extremos de las patas, todo su cuerpo conforma una perfecta horizontal: como si se tratara de un hilo tendido que alguna divinidad invisible arrastrara hacia delante.

El flamenco rosa forma parte de la familia de las aves migratorias, capaces de realizar largos viajes de varios miles de kilómetros. Y, sin embargo, al contrario que las cigüeñas o las grullas, puede adaptarse a las temperaturas de un invierno bastante riguroso, como por ejemplo el de La Camarga.

El flamenco tiene su hábitat en las marismas, las lagunas y las salinas. Con ayuda de su pico largo y curvo, pesca en el cieno pequeños crustáceos y algas ricas en pigmentos coloreados, responsables de la tonalidad rosa de su espectacular plumaje.

Barcas en el Nilo

Ciertas especies pueden llegar a resultar muy molestas si no hay ningún depredador natural que controle su proliferación. El jacinto de agua, por ejemplo, ahoga a los peces del río al privarles de su oxígeno.

Nordeste de África

¿Por qué estas barcas parecen navegar por campos cubiertos de matorrales verdes? En realidad, estas embarcaciones flotan con normalidad sobre el agua, pero ésta ha sido invadida por una planta de temible poder: el jacinto de agua, que prolifera de manera extremadamente rápida e invade corrientes de agua, ríos y riachuelos hasta ahogarlos. Originaria de Brasil, e introducida en el continente africano como planta ornamental (para decorar acuarios caseros, centros de mesa y estanques de jardín), esta verdadera peste vegetal ha invadido, en cien años, más de ochenta países en el mundo. El jacinto extingue la vida acuática —ahoga a anfibios y peces al privarles del oxígeno—, obstaculiza la navegación, alberga gérmenes de enfermedades que afectan al hombre... Es conocido el cuento fantástico del aprendiz de brujo que desencadena fuerzas que luego es incapaz de controlar: éstas le sobrepasan y acaban por vencerle.

Los científicos están investigando algún modo de ganarle la partida a esta planta acuática.

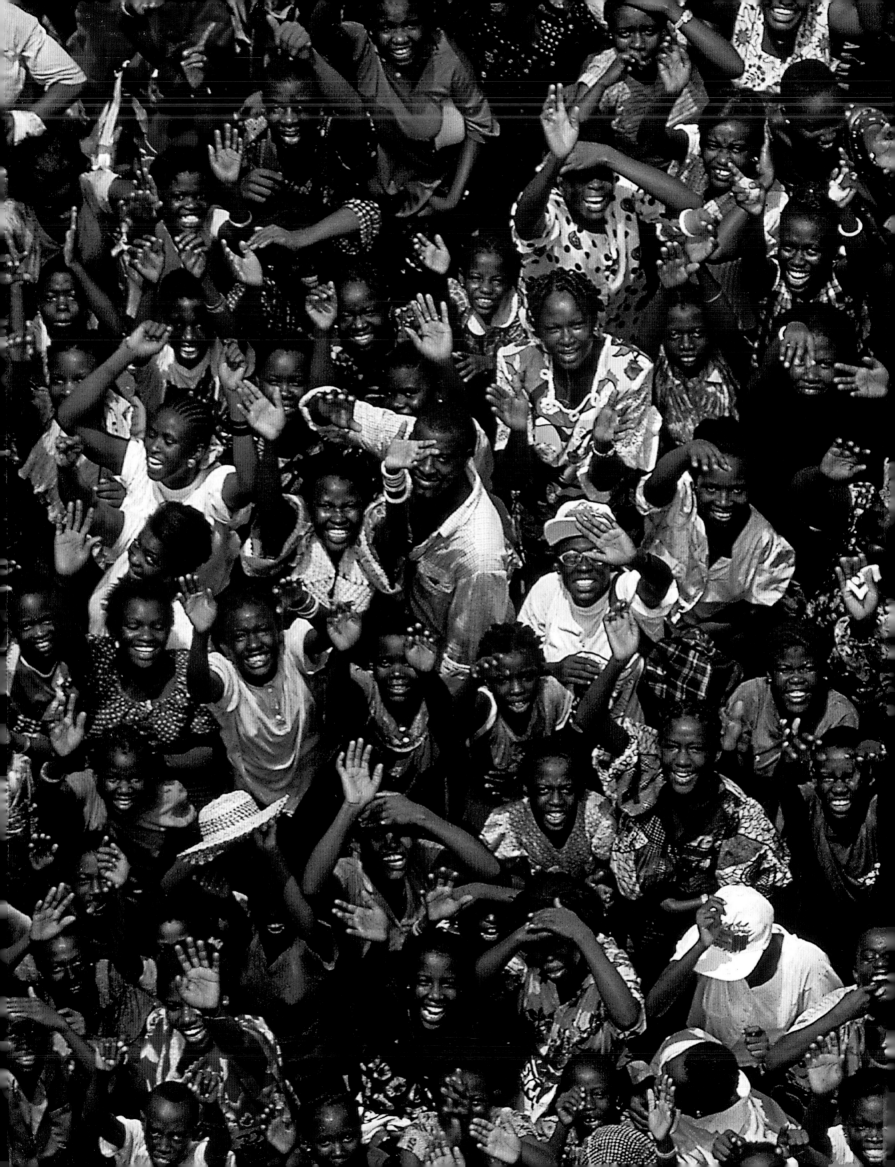